아버지 숙제 좀 봐 주세요

아버지 숙제 좀 봐 주세요

초판1쇄 발행 2026년 2월 10일

지은이 최광인
펴낸이 이길안
펴낸곳 세종출판사

주소 부산광역시 중구 흑교로 71번길 12 (보수동2가)
전화 463－5898, 253－2213~5
팩스 248－4880
전자우편 sjpl5898@daum.net
출판등록 제02-01-96

ISBN 979-11-5979-853-5 03810

정가 12,000원

아버지 숙제 좀 봐 주세요

최광인 시집

세종출판사

시인의 말

어디서 날아 왔는지 떨어진 씨앗에
막연하게 발아를 꿈꾸어 보았던, 시작은
어느 작은 다락방에서였을 것이다

하얘지도록 숨만 쉬다가
인생 2막에 터져 나온 울음소리 "세상에 나왔어요"
배냇저고리를 타고 스며드는 촉감과
웃음소리, 형상들과 쏟아지는 빛
모든 것을 열어놓고
눈을 깜박이며 누워있는 일

이렇게 머리가 무거웠나요
목을 가눌 힘이 없어요

배밀이를 시작합니다
따뜻하게 어루만져주시고 어여쁘다
손길 보내주신 모든 분들게 감사드리며
하늘에 별이 되신 아버지께
첫 시집을 바칩니다

2026년 2월

배밀 **최광인** 드림

차례

2부 사랑채

3부 행랑채

4부 서재

1부

안채

쉘부르의 우산

‘인연의 끈’이라 하여
부르트도록 잡아당겼다
놓아버릴까 하던 끈을 타고
소리가 나기 시작했다
딱딱이 장난감처럼

맞은편에 부산역
글자가 보이는 곳
햇살이 보듬고 온 커피잔에 핀
그 향기로움을 미처 맡지 못했던
두근거렸던 인연

눈꼬리는 아이에게
입꼬리는 남편에게
남자들은
모를 수도 있는 이야기
밉지만 참 어여쁜 모나리자

소리의 파동이 내 가슴으로
스며든 30년 전 딱딱이 장난감

열어지다 사라지고 새 굳은살이 자라지만
지금은 커피잔에 피어올랐던
그 햇살을 덮고 간다

이야기보따리

다들 어떤 이야기 넣고 다닐까

힘없어서 작은 것 위주
크지 않아서 소소한 것 위주
부시럭부시럭
동그란 예쁜 두 눈이
가방 속을 유영합니다

없으면 없는 대로.. 가볍게

덜 세련되지만 마술 가방
예상치 못한 많은 것들이 나오는
뭐 있어? 여기, 그거 있어? 여기
우습지요

지퍼를 풀어 젖히고
배불뚝이 몸을 하고도
예쁜 척 매달려 손에서 떨어지지 않는
상대를 위한 배려라나요

무거워도 그런 이야기
기꺼이 담고 다니는 소박한 가방
세상에 하나밖에 없는
가장 멋진 아내의 핸드백

추석과 어머니

이맘때쯤이면
나뭇잎들이 화장을 하지요

나도 어머니께 드릴
화장을 하는 아티스트가 된답니다
약간의 소금을 섞은 계란 물에
밀가루를 묻혀 예쁘게 예쁘게

두부, 애호박, 새우, 동그랑땡, 동태포
노릇노릇 화장을 마친 전
노릇노릇 치장을 마친 민어
가지런히 빗어 누운 나물들이 어여쁩니다

박꽃같이 하얗게 바라보며 내 손을 잡은
어머니에게서 고소한 냄새가 납니다

오늘은 유독 어머니의 분 냄새가 그립습니다

억새

처연하게 노을 진 석양
그려 넣은 무명천을 숄처럼 몸에 두르고
한때 전략가로 치열하게 살아왔던 날
회상하며 산등성이에 섰다

하늘엔 독수리 활공을 하고
끈질기게 살아남은 군락지
사람들의 발길 불러 모으는
그대는 지략가인가

억새꽃이 만개하여
하얗게 날리는 것은
또 다른 꿈을 향해 가는
나에게 건네는 그대의 손길일런가

벚꽃

페르시아만의 수평선을 내내 바라보다
소잔銷殘해 가는 조각배에 몸을 싣고
몇 마리의 물고기로 생계를 이어가는
노老 어부는 꿈이라도 꾸어 보았을까

동공 속으로 쏟아지는 햇살
4월이면 만개하여 흩날리는 볼 붉은 알알들
마음을 훔쳐 가도 눈치채지 못하는 꽃길

늘 모래먼지 가득한 황량한 사방 길을
오로지 순명하며 살아온 숱한 세월
바라카에도 봄은 찾아갔을까

"온천천, 꽃비가 쏟아지는 길"
글귀가 새겨진 사진 한 장 바다에 띄웁니다
노老 어부의 그물에 닿아
푸석하게 주름진 마음에 꽃비라도 뿌려줄 수 있게요

봄 바람

어디에서 오셨나요
닮고 싶은 영혼을 가진 그대

봄이란 단어가 낯설어요

떠나고 싶은데
사유의 꼬리에
발목을 붙잡힌 까닭으로
손을 내밀어 잡아줄 수는 없나요

어디로 가실건가요

모래먼지로 뽀얗게 분칠을 하고
가늠되지 않은 모습으로 낯설게 선
바라카의 그대에게선
봄의 향기도 추억도 고국의 꿈일 뿐

데려가 줄 수 있나요 그대

마스크

반쪽의 얼굴을 어딘가에 넣어두고
반쪽의 얼굴만 가지고 나온 사람들

후드티의 모자나 챙모자를
쓰지 않은 것은 그나마 다행한 일

웃음짓지 못하는 표정에 대한 경고이거나
가벼이 또 함부로인 입에 대한 입막음이거나

거리에도 일터에도 온통
반쪽인 세상

송정 앞바다를 줄지어서 응시하는
레일 위를 지나가는 하얀 얼굴들

빛의 시간이 경계에서
침착되어 가는 일상

꽃은 받았나요

하늘에 뭉게구름 주물러
장미꽃 한 송이 보냈더니
중간에
시샘한 바람이 꽃잎을 떨구었나

바람에 실어 보낸
장미꽃 한 다발
중간에 구름이 낚아챘나
꽃향기 하늘에만 가득하네

경포대에서

발가락의 시선이
서쪽과
동해로 달리 향하고

경포 바닷가로 실려온 포말에
어찌하여
꽃향기 나는가 하였더니

날 맑은 가을 날
풀꽃 냄새
한가득 담으셨다지요

알겠더이다
포말에 발 담근 갈매기
너머를 바라보고 서있는 이유

누워있는 빨래

패딩이 머리를 맞대고
떼를 쓰고 있다

날이 풀리면서 건조대 위에는
드러눕기 시작하는 겨울옷들이 늘어나고
웃음을 자아내는
포근한 오후의 베란다 풍경이 정겹다

패딩은 황소고집
엎어지고 뒤집는 것이 사나흘이다

“긴 겨우내 수고 많았지”
토닥토닥 위로 건네고
“내년에도 새 옷 같게 잘 부탁해”
토닥토닥 마사지하는 손이 정성스럽다

봄의 향기 창가에 기웃거리면
근엄하게 안방에 누워있던 패딩
실눈으로 눈짓하며
슬금슬금 뒷방으로 간다

이불

노송의 수피에 멍 때리다가
곁에 놓인 의자에 내려앉은 구름을 보았어
엄마가 만들어준 솜이불이 생각나
겨울방학 땐 온종일 이글루 놀이를 했었지

머리맡에 놓인 동전은 과자가 되고
누나가 빌려다 놓은 만화책은 환상의 친구
엄마가 돌아올 때까지
이글루의 작은 입구는 견고했지

각질에 눈물이 섞인 영도다리
칼바람 견디며 아로새겼을
노송의 골피가 발뒤꿈치를 닮았어
깎아내고 깎아내도
갈라진 굳은살을 어쩌지 못했을까?

그 길을 지나면 늘 소매를 붙잡히고
깊은 잠 빠져들기까지
꺼칠꺼칠 사그락사그락

엄마의 속삭이는 이야기
이불 속에서 들린다

관객

코로나 일상으로 가는 날들이지만
바람의 공연은 시작된 지 오래
앞을 지나치고도
주지 못한 시선이 밉살스럽다

하산하는 길목의 휴식터
무심코 빨려 들어가 시선이 멈춘곳
코로나 시국을 알기나 한 듯
산등성이 외진 귀퉁이의 억새들
테크노 음율에 손을 치켜들며 흔들어댄다

초대받지는 못하였지만
공연장 밖에선 두 다리는
선율을 타는 억새의 춤사위 따라
어느새 몸까지 맡기고 서있다

건조대의 일상

두 팔 벌리고 천장에 매달려
팔꿈치 구부려 높이를 조절하는
마음씨 아내를 닮았구나

디귿이 세 시간이 흐른 모습으로
2열 종대 줄 맞춰
햇살을 즐기는 색색의 수건들

수건들 사이로 환한 미소는
고마운 마음 전하는 인사였나
수고로운 향기 그래서 눈부신가 보다

위로받은 마음
또 한 번 힘을 내어보는
화창한 오후의 건조대 풍경

매듭

한 올 한 올 매듭을 매어봅니다
마음속 멋지게 영글어가는 꿈을 그리며
옹골찬 심기로 힘을 다해봅니다

너무 힘을 주었나 봅니다
형태는 뒤틀려지고 나아가는 삶이 방황합니다

동여매진 매듭을 풀어봅니다
안간힘을 쓰는 후회가 손끝을 아리게 합니다

너무 힘을 빼었나 봅니다 그래도
뒤틀려지는 형태, 설렁설렁 매어진 매듭을 풀려니
안간힘을 쓰게 될 후회가 또 마음을 아리게 합니다

끊어내고 다시 이면 쉬이 갈 걸
차마 끊어내지 못하고 내뱉는 긴 호흡에
얽혀있는 삶, 어색한 웃음으로 바꾸어봅니다

바람의 이야기

전하는 이야기 귀담아듣지 않았다고
섭섭한 마음 그리 크셨던가요

서운한 마음 그리 커서
밤새 소리 없이 다녀가셨나요

소매를 붙잡고 매달렸던 애절함에
열사의 모레 데리고 왔건만

불러도 응답이 없었던가요
현관문 앞 놓아둔 이야기

아둔한 안타까움 어찌할꼬
그대의 손길 결코 놓을 수 없습니다.

신호

소통은 하는데 침묵의 크기가
신호가 작동되었으나 늦은
민감도를 올려야 했는데 미처

아주 가까이서 스치듯 내민 손길
위에만 보지 말고 바라볼까요
멀리만 보지 말고 바라볼까요
세상 어디에도 존재할 수 없는
우리 숨결 속에서만 흐르는 느낌

집중해야 하는 신호
자칫 때를 놓치면
소통하는 음량의 크기는 커질 테고
소중하고 귀한 많은 것들
우리에게서 달아날 것 같아요

참 고요 속에서
영과 육, 어디로부터 오는 것인지
가만히 봄 바라보년

배꼽

어쩌면 우주보다 더 신비롭지 않을까
그곳을 보면 냄새가 나 소리도
사라지지도 잊을 수도 없지
사라진다면 하늘에 별이 되었다는 증거 아닐까
그곳을 그리움의 샘이라 생각해
물안개 피어나듯 고요하고 심오한 숨결이
빛도 닿지 못하는 깊이에 사련沙漣처럼 새겨져 있는가 봐

예정된 순서의 마지막 코드가 실행될 즈음
하늘엔 달라지는 반짝임이 포착될 거야
환생을 준비해야 하거든
별 하나 떨어지면 지구에선
탄생을 알리는 첫 울음소리가 들릴 거야
그리곤 물이 마른 흔적의 샘으로 남아
숨이 떠난 빈자리를 그리움으로 채우는지도 몰라

별이 되는 시간은 짧고
환생의 문이 열리는 시간은 너무나 길어
별을 헤아릴 수 없는 이유일까
지금도 별이 떨어지고
이승을 떠난 숨들이 반짝, 반짝거리네.

뿌리

콘크리트가 없어 참 다행입니다만
어찌 그런 길 홀로 나섰는지
산책길에 터를 잡은 의아한 꼬리에
자꾸 시선이 빼앗깁니다

침울하고 충혈된 눈
자주 시름에 젖어있는 나는
바람의 손을 잡으려 애가 타는데
접지된 신발의 끈을 잡으려 한
그대는 어떤 목마름으로
세속의 소리에 귀를 기울이게 했을까요

옆에 있는 길동무의 시선이
길 건너 지난 당신의 뒷모습에 닿아있습니다

어디까지 가려 합니까
그대가 걸어가는 길
부둥켜안고 귀 대어보면 알 수 있을까요?

두 눈

하늘과 바다가 맞닿은 선

그 선에서 두 눈이 나를 바라보아요

바다가 보이는 복도에서

내 시선은 수평선을 향해 있는데요

창이 내게 말하는 두 눈

무엇을 전하려 했던

눈빛이었을까요?

항아리의 품성

중력을 받은 세월만큼 시간을 머물고
세속의 온갖 풍파 바라보며 품었을 황토
무심히 숨죽이며 밀도를 채워갔을 점토
활활 타올라라
깊숙한 곳 은밀하게 숨어있는 탁한 기운
모든 것 불살라라
빠져나간 자리 기공으로 가득 채우고
하늘의 햇볕, 땅의 복사열
볼록한 뱃심으로 공기를 순환시킨 지혜
투박한 옷을 입고
수천 년 향기 담은 지조 높은 모습
엄마라는 이름으로 삶을 지켜낸
그렇게 마음 다하여 너를 의지했는가 보다
따사로운 햇볕 그리고 바람
시간을 벗 삼아
수많은 애달픈 사연 품어준 항아리

스테인리스, 플라스틱
그 마음 알까

낙엽 한 잎 구르고

어쩐 일로 그날은
벤치에 앉았을까

거친 숨 몰아쉬며 오른 마을버스
한 손님 내려주고 숨 고르다가
무심히 바라보는 눈동자에 비친
하늘빛을 보았을까
배기구 뒤편으로 툭
낙엽 하나 놓고 간다

너무나 푸르르면
스미어 하나이고 싶어질까
어디로 떠나는지
궁금증 하나 남겨놓고
2차선 도로 가로질러
굴러가는 낙엽 한 잎

어디로 가시나요
소매를 붙잡고 물어 보고 싶은 오후

누룽지

구수한 숭늉은
대대로 이어져 온
엄마의 맛

커피 색깔에
찌푸린 표정의
아이도 있지만

간간이 햇살을 즐긴
누룽지에서 피어나는 꽃
고소하고 달콤한 눈빛인가?

골무, 바늘의 손을 잡다

농 안에 반짇고리가 산다
아버지란 이름으로
그 품속엔 좀 의아한 동거의 숨소리
철없는 단추, 천 조각, 옷핀들이
가엾게 쌕쌕거린다

바늘은
힘에 겨워 찡그린 실의 표정 하나에도
한 치의 주저함 망설임도 없이
골무를 쓰고 함께 가자
소망하는 꿈을 향해 이끌건만

그대는 어찌하여 오래도록
새까맣게 눌어붙은 아랫목에
번갈아 엉덩이를 들썩이고 있었을까

어머니는
실이면서 기꺼이 바늘이 되고
실이면서 기꺼이 골무도 되었던
헤지고 거칠어져도 놓을 수 없어
엮어 안았던 안간힘

겹겹이 굳은살로 쌓여만 가는
엄마, 바늘의 손을 잡은 사연

엄마의 속눈썹

사구에 새겨진 그림자의 깊이에
숙면의 깊이를 포개어보는 밤입니다

발자국에 안겨있는
뒤따르는 작은 발자국 뜬금없습니다

그윽하고 깊은 눈동자
시선이 향한 자리엔
끝없이 이어진 모래언덕뿐입니다

·
·
·
·
·

속눈썹에 내려앉은 사막의 모래폭풍
낙타의 눈, 엄마의 눈동자 닮았습니다

2부

사랑채

여백

내 머릿속에는 A4 용지 여섯 장이 있다
한 장에는 십 년의 기억이
사막의 모래알처럼 빼곡히 쓰여 있고
여섯 장 어디에도 여백은 없다

이대로 기록되어진 것에 안주하며
갇혀있을 수는 없다

각성한 의식
광활한 우주의 어둠 속으로 보낸다

지워지고 기록된 흔적
기록되고 지워진 흔적

어둠 속 미세한 반짝임
혹시 남아있을 여백을 찾기 위한
용지 사이를 오가는 안간힘인가

선택해야만 했다

알고리즘을 변경하는 프로그래밍
신경세포 수술을 집도하였다

그리고 재부팅

소중하다 움켜쥐었던 관념이 삭제되고 있다

해와 달과 별 그리고 구름
바람과 물과 흙 그리고 바다
꽃들과 들풀들 그리고 사람들
낮은 곳으로
틈새 사이로
공간과 공간 사이로
늘어난 여백으로
새로운 관념이 기록되고 있다

시래기의 재회

전생에 무슨 업보가 있었나
목이 잘려 처마 밑에 걸린 시래기
긴 겨우내 매서운 칼바람 맞으며
얼고 녹기를 반복하는 형벌은 가혹하다

참회의 눈물이 뚝 뚝
말라비틀어져 가는 만큼의
죗값은 끝나고 있었지만
판결문의 마지막 권고는 남아있다

홀로 있는 것은 자유이나
눈물은 마르지 않을 것입니다
조화롭게 어울리며 다른 이를
이롭게 하는 삶으로 거듭나시오.

투박하게 썰어진 무는 바닥에
토실토실 살 오른 고등어는 그 위에
고춧가루, 간장, 마늘, 파, 풋고추, 홍고추,
한 잔의 맛술도 넣어 시래기에 주무르면
화회和會롭게 하나 되어 잡은 손
육수를 보듬고 고등어를 만나러 간다

시래기와 무의 재회
고등어시래기조림

그림 맞추기

돌돌 말려있는 지구를 폈습니다
여백의 사방으로 별들도 자리하고 있습니다

그 위 수직과 수평에 난수를 발생시키고
마주 보는 수직과 수평의 무한 점들을
일그러진 선으로 연결합니다

선들을 도려냅니다
분리된 무한의 조각들이
허공에 흩뿌려져 난무합니다

한 조각 한 조각 지구를 맞추어 나갑니다

하늘, 별, 구름, 사선의 햇빛도 있는
고깔을 쓰고 우뚝 선 산과 빙하 그리고 사막
서로 만난 강들은 바다로 이어지고
수많은 생명이 푸른 향기가 스민
바람을 타고 흐릅니다

조각과 조각 사이
틈새가 보이는 것 있습니다
꼭 맞는 조각 안에
어설퍼 보이는 그림도 있습니다
완성으로의 갈망이 확대에 확대로 이어갑니다

그 안에 먼지 하나

그 먼지 한 알 있어야 할 자리를 찾아
조각들을 빼고 또 끼워 맞추어 나갑니다.

침묵

냄새는 내게도 너무나 많이 있습니다
미처 알아채지 못하는 냄새까지도

코를 한껏 확장하여 벌름거려도
세포는 콧방귀도 뀌지 않습니다

말을 잃어버리면 페로몬 향기 생길까요

아름다운 질서는 말이 필요 없고
아름다운 소통은 말할 필요 없으니

어찌 침묵하지 않을 수 있습니까

시, 집 속에 산다

사는 게 죄고
사는 게 시고
사는 게 제다 예술인데

이미 시인인걸
시인이 되려고 가슴을 후벼판다

아는 단어는
엄마, ~ing, 면면이..

곁에서 얼쩡거리는 바람
얼쩡거리는 구름
빛에 잡아먹힌 별
뒤통수를 보면 눈물이 고이는 달
태양의 응어리진 속내..

냄새로 찌든 1평 거실에서
오늘도 뒹구는 나를 매미도 비둘기도
힐끔 쳐다보고 간다.

어쩌라구

달의 민낯에 색조가 깊어지고 별은
잠자리를 정리하고 초롱초롱하게 깨어나면은
미안하지만 나는 자야겠어요

눈꺼풀이 머리가 갑질한다며
짜증이 여간 아닙니다

머리가 생각한다는데
제아무리 눈꺼풀이 잠을 청한들
어쩌지 못하고 그저
눈을 감은 채 머리만 바라볼 뿐
누워 뒹구는 소리는
덩달아 신경질적입니다

불면증에 체포되어 고문이 깊어지는 밤
잠 좀 잡시다. 잠 좀

몸이 상념에 빠졌습니다
어쩌지요
깨어 있던 별과 달이
자러 간다고 채비가 분주한데

듣고 싶어요

바람이
소리 없이 우는 것은
외롭지 않기 때문이래요

혼자서는 할 수 없기에
미세한 공간 그 틈새까지
제 살을 내어주며
부대끼는 이유라나요

귀 기울여봅니다
홀로 고요히 흐르는 목소리에
목숨 줄 같은 소리 들릴까 해서요

농장주

청송의 누가
벽 같은 나무에
사과를 키운다 한다

농사를 짓는데
벽이라는 단어가..

복사꽃도 모르고
배꽃도 모르는데
사과꽃은 어찌 생겼을까

궁금증이
손을 내민다

“다듬어라”

봄의 이름으로 지은 시
“다듬어라”한마디
정을 쪼아 다듬고
날카로이 조각도 휘날려 보지만
봄의 향기 길을 잃고
오가는 발자국에 흔적만 남긴다

억겁을 지새운 봄과 꽃들
어찌 정과 조각도만으로 다듬을 수 있으랴

아-
봄이 저 멀리 도망가면 어쩌나

꿈

잊을 수 없어요, 떠나고 난 뒤에도
생전에 볼 수 없었던 눈빛

가시는 중인가요

아무도 뒤돌아보지 않는
흰 색깔 옷 입고 줄지어 선 행렬이
빛을 향해 어둠 속으로 걸어갑니다

낯익은 얼굴, 고개 돌려 바라봅니다

떠밀려 가는 애절한 몸짓으로
차마 다하지 못하고 삼켜버린
처연한 눈빛과 표정 헤아릴 수 없습니다

세속의 무심한 시간
속절없이 흐르고만 있는데
언제쯤, 언제쯤이나
보고 싶습니다. 평온한 당신의 모습

도착은 하셨나요.

아버지 숙제 좀 봐주세요

군용 천막 한 귀퉁이
머리를 맞대고 앉아 있는 필름 한 장

희미해지다 보스라 져 언제 사라질지도
몇 장밖에 없기에 끈질기게
그 기억 놓아버릴 수 없습니다

숙제라는 이름을 붙이고
아버지의 빛바랜 노트를 핑계로
교집합의 크기를 가늠해 보는 또 한 번

아버지와 같이 할 수 있는 것은
시를 쓰는 것

필사된 시들을 생각하며
지금도
천막 귀퉁이에 앉아 숙제를 합니다.

그 길

당신을 만나러 가는 길이
어찌 그리 쉬울 수 있으리까

한 걸음 한 걸음 옮겨 가는 길
보일 듯 보이지 않는 그곳에서
손짓하는 당신을 찾아가고 있습니다

눈물로 한 올을 끊어 내고
웃음으로 한 올을 끊어 내고
신음으로 끊고 또 끊어 내면
닿을 듯한 손길 잡을 수 있으련만
다시 고쳐 잡은 심호흡을
깊게 내쉬어봅니다

이승의 매듭들이
이리도 질기게 휘감아 돌까요
아버지, 엄마도 걸어갔던 길
그분의 손 꼭 쥐어 잡고
담대하게 걸어갈 수 있기를

기도합니다.

외출

외출을 했다
맨얼굴로

내겐 단 한마디
말도 없었다

잠이 나간 집
……

외출이 잦아졌다

방향 1

스무 개중에 세 개

앞으로 불려나갔다
번-쩍, 어질어질
순간 박종팔의 주먹이 생각났다
다행이다 혼자가 아니라서

모든 것 팽개치고
하나에 매달렸다
스무 개중에 열여덟 개
고작 2장과 반 페이지인데..

역사 과목 중간고사, 최고의 점수
나머지는 쪽박을 찼다
틀어진 각도
발바닥이 제시하는 방향

방향 2

하루를 시작할 때면 한결같이
마주 보는 것에 관한
이야기를 먼저 건네는 이가 있다
때론 모호한 방향이 꼬리를 물고
퉁명스러운 미간이 그쪽이 오른쪽 맞아?
물어오기도 하는 밥을 먹고
술을 마시고 한 잔 커피에 이야기를 나눌 때도
마주하는 동공 속에서 간간이
아침에 본 이의 눈빛이 떠오르곤 한다
180의 각도를 마주하고
아둔한 끼워 맞춤을 꿈꾸는 360의 눈빛
나는 너, 너는 내가 되어야 하는
조금만 틀어지면 0이 되지 못하는
틈으로 자라나다
시야에서 점점 멀어지는

실연이 아닌 상처

알록달록한 표정들로 꽉 찬
퇴근 버스 안
닦아도 닦아도 메마르지 않는
눈물을 주체할 수 없었어

의아해하는 표정 하나쯤은 있었겠지
'저 눈물 속에 숨은 사연은'하고

실연은 나에겐 사치
태양만큼이나 강렬한 빛
녹아내리는 쇳물로
벗어지는 꿈의 형상 때문이었지

이 상처나 그 상처나
흐르는 눈물은, 오해하지 말아요

투명인간

더 이상 방법을 찾을 수 없어
감기로 했어요
눈을 감으면 나도 투명해질 수 있을까요
고민 끝에 시작했지만
뜬 눈인지 감은 눈인지
끔벅거리다가 방관자가 된 느낌
이게 아닌데, 이게 아닌데, 꼬리가 보였을까요

입까지 닫아야 할까 봐요
닫기 시작한 입
파르르 눈꺼풀이 떨려요
어쩔 줄 몰라 하는
입술의 꼬리는 왜 자꾸 찢어지려 하는지
나의 방 거실에는
충분히 어둠에 적응된 등짝이 뒤척거려요
차마 귀까지는 닫을 수 없었기에
문 틈새로 새어 나오는 빛, 적막을 듣고 있네요

기다릴 수 있어요, 아파하는
어여쁜 발걸음 소리가 들리는군요

두 귀가 쫑긋

웃음의 파동을 타고 들어온 레드와인
광대를 타고 흐르다 스며든 눈빛으로
슬며시 뒤통수가 어여쁜 달의 손을 잡는다
앞에는 3회 뒤에는 7회
날 선 욕망을 무디게 갈아 사그라뜨렸건만
낚아채 인 두 발이 깨진 진공 속으로 빨려 들어간다
지갑을 열고 과녁에 꽂힐 화살촉에
황금빛 채색을 지어 올리다
까맣게 잊고 있던 손목의 허전함
쪼그라드는 마음을 어루만지는 손이 바쁘다
가녀린 입술의 지칠 줄 모르는 끈기
오랜 회유와 잔소리에도
종합병원이 완공되면, 완공된 지 십수 년이 지나가고
새 차를 사면은, 중고가 된 지 수년이 지났건만
지금도 사수하며 지켜냈던 구름과자
손목에 꿰어찬 봉다리가 없어졌다
한참 손을 잡고 잘 놀았는데
매서운 찬바람에 돌아서 가는 입꼬리가 무겁다
라떼의 달콤함이 묻어있는 벤치
쪼그리고 홀로 남아

이제나저제나 들릴 발자국 소리에 귀 기울이고
새까맣게 타들어 간 낯빛으로 품어 안은
달빛에 비친 두 귀가 쫑긋한 검은 봉다리
담배 한 보루 되돌려 준 복권방
분명 명당이었다

가져 봤으면, 예쁜 눈 말고요

1

뼈가 자라고 근육이 커져가는 동안
귀여운 이마에서 굳이 서둘러 나왔는지
같이 커갔을 두 마리 지렁이

보세공장 제단 가위가 허공을 가로 날아요
숨기려고 담았는데
예리하게 베인 비닐백, 창자는 어디로 가고
김칫국물과 된장이 범벅된
엄마의 절규와 눈물이 쏟아져 나와요
바닥엔 버짐을 달고 사는 작은 입들과
깃털처럼 가벼운 까만 눈들이 깜박거려요
자라면서 매서워진 눈매, 성장은 끝났지만
삐뚤어진 시선을 안으로 새기며, 오래도록
아름다움에서 멀어지는 연습을 했을지도

2

이제는 돌아가야겠어! 바래서 희미해졌지만
세상을 아름답게 볼 수 있는 눈을 찾으러 가자

눈 안에다 화선지를 펼쳐 놓고
지렁이의 눈물로 간 먹 한 방울 떨어뜨렸지
깨어지는 계절마다 번지는 꽃들
개미의 발걸음, 더듬이, 벌새의 날갯짓도
매화꽃 향기가 오르면 박제되었던
나비의 눈이 날아 올라갈 것만 같아
아니야! 숲속의 도서관으로 가자
길에 펼쳐진 낮게 흐르는 소리 귀 기울이고
간절하게 그네들의 이야기, 시집을 읽어보자
지렁이가 남기고 간 자국마다
아름다운 묵음의 소리, 향기가 나지 않을까

좋은 소식이 오려나 봐

가로등

어찌해야 할까요 사무치는 이 마음
비우면 또 채워지는 저 달과 같으니
그대의 눈빛 바라보면 바스러질 것 같아
등을 돌릴 수밖에 없습니다

곁에 머물고픈 마음 애절하게 타오르는데
다가설 수도 바라볼 수도 없는 처지
이렇게 가로등에 기대고 서
고개 숙인 마음 안타깝습니다

지금 나에겐 별도 달도 님인걸
끝도 보이지 않는 가로등 불빛 저 너머에
혹여 그리운 얼굴 보일까 하여
오늘도 아스팔트 도로 위를 하냥 바라봅니다

그대 미소 보고 싶다 전하려
달리는 자동차에 내 마음을 실어봅니다

오늘 하루, 그대는 어찌 지내셨나요

옆자리

변해줬으면 하는 생각
좀처럼 바뀌지 않음으로, 버릇처럼
옆에서 바램을 요구하는 이야기
하나가 둘이 되고 셋으로 자라나는
결의 형상을 어찌할 수 있을까
셋이 둘이 되고 또 하나 되면..

90노구를 이끌고
농로를 걸어가는 경운기
뒤통수의 표정이
낯설어서인가
짐칸엔 할멈이
바람을 즐길 뿐이고

품 안에 경운기를 보듬은
빼곡한 나락은 곱기만 한데
까매지도록 이곳에 있었던
젊은 처자의 얼굴 생각나게 할까 하여
오늘도 휘날리는 할멈의 머리카락은
농로를 걷는다

할배요, 할배요

가을이 물들 때면

홀로 있는 적막한 밤
몇 날 밤을 익고 익다가
홍시의 속살 눈물 되어 흐르는 그리움
바람 타고 그대에게 실려 갔는가 보다

그대도 그랬나요 내게 온
가녀린 미소 가엾어라

단풍도 어여쁘게 갈아입었는데
듣고 싶어라 발걸음 소리
눈물에 패인 자국에 불빛 스미면
보고 싶어라
자국에 일렁이는 새 각시 옷

사잇길에 서있는 긴 그림자 하나

회상

노릿한 단어 하나 떠올려보지만
발아되지 못했던 이름 같아요

배급받은 밀가루 한 포대
어디서 왔을지도 모르는 멸치 두 마리
불을 밝힌 촛불 한 개
수제비를 만들기엔 충분하겠지요

하품하는 지루한 저녁의 새로운 시도
아우성치는 알알들 속에
육수를 뽑기 위한 고된 몸을 뒤집는 멸치
호떡같이 생긴 커다란 수제비 하나
몸을 적시며 거드름을 끝마칠 때
나와 누이는 촛불 구이
진액이 빠져나간 멸치에 침을 삼켰지요

후루룩후루룩
네 개의 입에 고요가 흐릅니다
귀퉁이에서 몸을 식히는
커다란 수제비 눈치를 보고 있네요

떡이었겠지요, 빵이었을까요

사콜*

그런 얘기 왜 꺼냈을까

합방하자는 말에
가슴이 요동을 친다

서둘러 호텔을 잡았지
사콜, 이름이 특이하다

따로 들어왔지만
한 방에 둘이

고요 속에서 나는 맨살인데
옷 벗는 기척이 없다

침 넘어가는 소리에
초침의 소리 묻혀가고

뜬눈으로 지새운 정적의 밤

*사이다와 콜라

마지막 밥상

애달픈 눈빛이 향한 자리가
북녘땅이었다는 것을
그때는 알 수조차 없었습니다
서둘러 떠나야만 했던 이유가 혹여

아침진지 드시다 말고 또 주무신다
숟가락, 젓가락 소리
밥상 위에서 달그락거리는데..
덮어드린 이불
끝내 걷어내지 못하신 아버지

때 묻고 트고 갈라진 손으로
마지막 술 한 잔 올릴 때
부끄러운 코흘리개 어깨 위로
설악산 흔들바위 두 개는 그렇게 내려앉았습니다

3부

행랑채

텃밭

차로 한 시간 거리, 한림
그곳에서 우린 빌어먹고 산다고
그러면서 서로 웃지요
"형, 밉보여 나가라고 하면 어쩌지요"
"제일 좋은 놈으로 선물을 바칩시다"
그러면서 서로 키득대며 웃지요

유모차보다 더 많이 팔렸다는 차
아이도 개도 타지 않은 할매들의 자가용이
텃밭 앞을 지나칩니다

"참 곱기도 하재"
"참 예쁘게도 가꾸었네"
만발한 꽃들이 먼저 반겨주는
오랜만에 들어가 보는 텃밭

그동안 형의 노고가
동네 할매들의 활짝 핀 미소와 함께
끓어올랐던 폭염도
그렇게 지나가고 있었다

키

어둠이 삼킨, 깊고 광활한 공간
손가락 세 개에 머리 위로 쫑긋 세워진
귀를 가진 만화 속 요괴에 쫓기고 있다
해진 성대의 날카로운 기합 소리는
어둠 속에서 메아리칠 뿐
시작도 끝도 가늠되지 않는, 도망을 가로막는
높이를 뛰어넘으려 안간힘이다

빠져나왔다, 안도하는 순간
찝찝한 따뜻함이 전해오는 아랫도리
매몰찬 찬바람의 팔짱을 낄 수밖에 없었던
대문 앞 휑한 길에 난
손에 들린 바가지와 키를 쓰고
바닥에 어른거리는 지도를 보고 있다

산다는 게

무섭다
지켜야 하는데

헤아려 보니

주위에서
번뜩인다

흠칫한다

헤아려 보니
왈칵 쏟아진다

·
·
·
·
·

눈물이

저리 가

생애 처음 떼었던 발걸음
신기하다, 대단하다, 환호하며
손뼉 치던 소리 잊을 수 없습니다

세상에 둘도 없는 행복한 웃음 사이로
천방지축 걸어 다니다가
처음으로 무서운 놈 만났습니다

뒤따라 걸어오는 이상한 물체에
도망을 쳤지요. 내 울음소리는 2옥타브
무서운 놈이 옷 뒷자락을 움켜쥐고 따라옵니다

지금쯤은..

비명을 지르며 뒷걸음칩니다
팔을 허우적거리며 무서운 놈
물러난 만큼 앞에서 성큼 다가옵니다

나는 벌러덩 엉덩방아 찧었습니다
생애 처음으로 올려보는 3옥타브

조각나서야 싹트는

내 고향은 외진 산골
도공의 숨결에서 태어났지요
소박하지만 거친 촉감
들풀 같은 이름이 좋아요
투박한 손마디에서 자라나다
가끔 그의 눈동자에 일렁이는
슬픈 불꽃들을 보았지요
고립과 고단함이었을까요
저 건너 도시는 언제나 동경의 꿈이었는데
촌무지렁이 도공을 닮아서인가
허름한 식당에 켜켜이 쌓여있기도 하다가
삼일장 오일장을 쉼 없이 떠돌기도 하다가
자꾸 밖으로만 떠도는 삶에 지쳐가는 만큼
고향의 그리움이 커져만 갑니다
낯익은 바람, 뜨겁게 나를 감싸안습니다
도공의 숨결 타오르면
함께 깨어나는 내 본성이 한 그릇 국밥으로
오가는 사람들 위로하며
다시 한번 힘을 내어 보는 하루입니다

저기 귀퉁이 깨어진 뚝배기의 조각들
그리운 도공의 손길 만지작거립니다

놈

그놈들은 숲속에서
떨어진 낙엽이나 열매의 전략만으로는
더 이상 승산이 없음을 체득해 버린 모양이다
의미가 달라져 버린 지 오래인 녹색의 푸르름
진화는 어느 쪽의 열망이었을까
어느 쪽 대응의 산물이었을까
인간의 문명이 토해낸 쓰레기란 걸 알고나 있을까

신혼 방을 차린 그놈 마당에 장식된
빨간 플라스틱 병뚜껑과 찌그러진 코카콜라 캔
진중한 정교함과 간절한 염원의 배치
님의 마음을 얻기 위한
계절을 초월한 선택을 해야만 했을 거야

신혼 방을 차린 저놈 마당에도
울긋불긋 과자봉지 수북하고
다방 커피라 부르는 믹스커피 추억도 소환시켰네
귀퉁이에 열매껍질로 쌓아 올린 담이
그나마 친환경적
그만의 다른 매력을 알리고 싶었나 봐

신혼 방인 것 같은데 돌싱인가 이놈 마당에는
떨어진 낙엽 한 장 찾을 수 없어
매일 클래식 음악이 흐르고
빈사의 백조를 연출한 공연을 시작해
현란한 목 리듬을 타는 춤사위는 가히 환상적이야
숱한 날, 외롭지만 미래의 내 님을 위한 춤 연습이라나

멋진 발레리노 꼬리비녀극락조

웃음을 만들어요

그때의 금빛 기억들
생각나시나요
온통 마음을 휘어잡고
지친 호흡에도 손뼉 치며
빛나게 웃게 했던
그대의 숨결을 타고 왔을 테지요

생각나시나요
빛바랜 웃음으로 스러져 갔던
호탕하게 웃어 본 기억
어디쯤 있을까요

간직하고 있군요
손안에 핸드폰이 눈을 뜨면
꼬물대며 커갔던 옛적의
환호와 기쁨들 같이 깨어나니
지금 그대가 아름다운 것은
미소 짓고 있기 때문입니다

삼도 설장구

내 지나온 바람 속에는
차별과 죽음의 향기 자욱하고
어쩌지 못하는 서러움으로 점철된
눈물은 세월 속에 푸른 녹으로 슨
홀로 지샌 외로움은 죽음보다 깊은 수렁이다

바람이 전하는 숱한 이야기
오랜 날을 속살에 새기며 서 있던 오동나무
서러움이 잉태한 갈망의 크기는 내겐 너무나 깊어
살을 도려내는 고통쯤은 아무것도 아니라고

지독한 서러움을 깎아내어 울림통으로
지독한 외로움을 껴안아 궁편과 열편으로
궁채와 열채가 하나 되면
설장구의 혼은 날아오를 터

"장마철 창밖에서 내리는 빗소리가 난다더라"

물아物我된 설장구
춤을 추는 신명 나는 한이여

도시락의 외출

깔끔하게 목욕하고
뽀송하게 잠자리들 때마다
다가설 동살을 안고 잠드는 설렘
영글어 가는 희망은
어김없이 새벽을 일으켜 세운다

천근의 눈꺼풀 도마 위
칼장단에 희망으로 말아 올리고
눈빛으로 버무린 속살 가지런히 숨겨
어여쁘게 치장하고 집을 나선다

흐드러지게 꽃잎 내려앉은 길, 임 있을까
닿는 걸음마다 레드카펫 펼쳐진 길, 자식 있을까
다바왈라의 손에서도 함께 커가는 희망
달려가는 열차는 덩달아 발걸음이 빠르다

수런대는 도시락의 이야기
또 그렇게 아침을 연다

과자 봉지를 왜

까치 것 훔쳐서 도망가는 길인가
나눠 먹기 싫어서 달아나는 길인가
과자봉지 입에 물고
까마귀 앞서서 날고

까마귀에 뺏겼다고 쫓아가는 길인가
나눠 달라 애원하며 쫓아가는 길인가
게 섰거라
까치들 쫓는 소리 치열하다

카펫으로 쓰려나
차광막으로 쓰려나
메타세콰이어 가지에 숨 고르고 앉아
상념에 빠진 까마귀

남은 부스러기 꺼내는 먹었을까

팔랑귀

숨, 호흡을 갈고 또 갈아
미세하게 정밀하게
쪼개고 또 쪼개진 소리는
한 모금 공기로 다듬어
손이거나 입이거나
부드럽게 이을 수 있는 그대는
색소포니스트

소리에 관해선
프로의 입과 귀를 가졌지만
사람들의 말 속에 삑사리 들리지 않는가요
가끔 내 귀가 딴청을 부리는 이유인데

수많은 세파에 시달리고
충분히, 충분히 단련되었으련만
어찌하지 못하고 얇아져
진물이 흐르고 피가 맺히려 하는지

유일한 소임에 최선을 다했다고 하고
쓰라리고 아파도 철학을 요구한다는데..

어찌 보면
본질에 뚝심 있는 소신이 이해될 듯도

생각이 깊어집니다
오늘 밤은 더 깊게
눈도 귀도 두 개인 사유에 대해서

나를 데려 가세요

목요일, 학교 가는 날
조급해진 두 다리가
오르락내리락 계단을 탑니다
머릿속 세포들은 야단법석
경로 탐색 소프트웨어를 빠르게 가동하고
과거에서 현재로
현재에서 과거로
간밤에 집으로 돌아오는 길
차 안, 아내의 목소리는 분명
핸드폰 속에서 맴돌았는데

'차가 없어졌어요'
경비실 CCTV 속, 시간의 꼬리가 헐떡입니다
'경찰에 신고하세요'

'보도블록 교체한다고 산책로 통제시킨대'
옆에서 걷던 아내의 뜬금없는 목소리

어둠이 내려앉은 집으로 가는 길
가로수와 가로등이 늘 반겨주던 그 길

어쩐 일로 알몸이 드러나
천으로 덮여있던 간밤에 그 길

저 멀리 색소폰 연습실 앞
자동차의 두 눈이 달려오고 있었습니다
내가 뛰어가고 있었습니다

투망

그물을 던져 본다
무어라도 걸려 오기를 갈망하면서
허탕이다

통발을 넣어 본다
무어라도 들어오기를 갈망하면서
아무것도 없다

그물을 던지는 방법을 모르거나
좋아할 미끼를 잘 못 넣었거나
길목을 알아보는 혜안이 없거나

……

도통 식별할 수 없는
초성의 찌꺼기들을 앞에 두고

공중으로 솟구쳐
햇살 한 줌 낚아채 떨어지는
한 조각 비늘의 반짝임

허공중에 시선이 머문다

전동킥보드

가는 길 막아섰다고
발로 툭 차네
맥없이 넘어진 나

쓰러져 먼 하늘 바라보니
하늘 빛깔 곱기만 하다

아파트도 쓰러져 누워있고
발로 찬 이 쓰러져
총총 걸으며 사라져 간다

간밤에 무슨 일 있었나

이쑤시개의 경고

맛있게 구워 잘 먹었다 고깃집엔
빈 테이블이 없을 정도
쌓여 있는 이쑤시개도
남다르게 한가득
슬쩍 스무 남짓 넣고 나왔다

무심코 주머니에 손을 넣었는데
눈앞에서 좌우로 흔들리는 검지
올바른 행동이 아니라고
손가락을 꾸-욱 찌른다
아야

살아지는 시간들

그럴 때가 더 많지만
그렇지 않은 위안이기도 하는

살아지는 매 순간순간이
처음과 다른 처음으로
그래서 설레고 두려운가 봅니다

두려움이 두려움으로 이어지면
어디론가 떠날 때일까요

아직도 서툰 삶
숱하게 단련되었건만
또다시 아리도록 아파지는 마음

한 세기를 살아도
처음이기에 위안이 되기도합니다, 지금도

물메기탕

먹다 남은 물메기탕이 되어
돌아온 그날 밤

풀린 발자국 바로 세워가며
집 앞까지 데려다주고
확인 전화까지 해주었건만
원망 섞인 싸늘한 목소리
"그쪽은 괜찮습니까?"

색소포니스트 P는 그렇게
그쪽이 되어버렸고
P와 내 아내는 서로에게
그쪽이 되었다

먹다 남은 아귀찜이 되어
돌아온 그날은..

고무신

뾰쪽하지만
낮은 코를 가졌을 거야
참 예쁜 코

아버지의 백구두엔
코가 있었나?

한 번쯤은 보았을
엄마의 고무신과 덧버선

햇살도 시샘하여 머무는
디딤돌 위 고무신

화음

해가 질 무렵 달을 만나러 출근하고
달이 질 무렵
뒤돌아보는 발걸음으로 퇴근을 한다
아래층도 위층도
사방으로 즐비하게 늘어선 실외기
희뿌옇게 모래 먼지 뒤집어쓰고
열사의 나라, 참 고되게도 살았겠다
어스름한 새벽에야 도착해서
연인인 듯 속삭이는 별 두 개
자칫 요란스러우나 절묘한 환상의 하모니
누울 침대를 찾아야 하는 두 귀에는
치유의 교향곡 다름없는 위안이 되었지만
찾을 수 없는 화음의 진원지에
동그랗게 두 눈만 끔벅인다
지쳐 쓰러지려는 실외기의 소리인가
떼 지어 재잘거리는 참새들의 소리인가
묘하고 완벽한 소리의 어울림 속
지쳐 귀가한 또 하루의 고된 심신이
화음 속에서 침잠되어 간다

손가락

포크와 나이프 그리고 숟가락
젓가락은 어디에도 보이지 않는다

거친 다국적 사내들의 냄새와
낯선 향신료의 내음이 뒤섞이고
알아듣지 못하는 언어들의 파동이
신나는 몸놀림에 동참한
접시 위 도구들의 가락에 묻혀간다

비빔밥이라 하면 이 식탁은 정겨울 터이지만
고봉으로 예쁘게 섞여 담긴 접시 위,
건너편 식탁의 조용한 손가락 춤사위에
동그랗게 눈을 뜬 숟가락이
물끄러미 입을 바라보고 누웠다

태양이 흘리고 간
길어지는 그림자를 보면서
포크와 나이프, 나도 누워야 하나

샤워를 하다가

바닥에 엎어져 있는
고개숙인 샤워기

어찌하다 엎드리게 된 샴프
살피는 눈꼬리가 흔들린다

개 판 이구만

누워 뒹굴던 키 큰 솔
타일을 닦느라 땀이 흥건하다

4부

서재

보따리에 피어오른

섬세한 손길들이 깔깔거렸던
키움이 숲, 시화들이 산책길에 소풍을 왔다

품어 안은 향기 전하고픈 떨리는 마음들
제자리에 머물기엔 안달이 날 만도 해
필시 바람의 손을 낚아채 탈출을 시도했을 거야

벌써 이곳에도

무리 지은 잉어들 소문을 나르고
배회하는 오리 한 마리 귀가 쫑긋하다

물결에 크게 한 획을 그었다는
그녀의 입술에도 남아 있는 추사의 먹 향
낭창하게 호수에 들여 담아
그리 바람에 실어 보냈을까

길 떠나는 오리 한 마리
잉어들의 눈길이 꼬리의 파동을 잡는다

굳이 물안개로 태어나지 않더라도
둘러멘 보따리에 피어오르는 향기
수면 위 또 어느 깊이까지 나풀거릴까

그 숲속에 자리한 호수에는
마음 설레게 하는 이야기들로 가득하다

겨울 목련

두텁게 옷깃을 세우고
시선이 머문 곳
떠난 목련이 바라보고 있네요

앙상한 가지 뿐인데
어인 일로

기약치 않아도
때 되면 만날진대
찬바람 부는 날 서둘러
내게 와 바라보고 있는지

석양빛에 물들어 가는
그대 떠난 발자국
연모하게 된
이유 전부입니다

산 1

온전한 어둠 속에 파란 눈동자 하나

눈망울 속에 슬픔을 숨긴
그 눈빛이 무심하게 아름답습니다

당신을 닮아 점 하나도 푸른 빛

찢기고 갈라진 상처에 새 살을 돋우고
세월 속에 굳어버린 아픔들을 어쩌지 못하면서도
깊은 곳에 또 다른 아픔을 몰래 숨기고
그대 먼 산을 바라보네요

누군가에겐 환희와 기쁨으로
누군가에겐 애절한 그리움으로
누군가에겐 위로와 안식처로

보듬고 끌어안음으로 커져갔을 그대
우린 끌어안아야 할 이유 아닐까요

산 2

위로가 필요한 사람들
도떼기시장 같이
가슴 아픈 사연들 끌어안고
그대 앞에 서 있습니다

시중에는 사고팔 수 없는
특별한 거래가 오고 가는 곳
들떠있는 웃음 속에
기대도 가득한 이유일까요

김소숙이 샘
'오디가 영글어 청이 되고 술이 되었답니다'

이 시詩 살 수 있을까요
마음속에 있는 바위 하나 드리겠습니다
깊어지는 소리 귓가에 울리고
마음에는 꿈이 자라납니다

억겁을 순응하며 침묵으로 아로새긴
그대 품 안을 타고 흐르는 바람의 향기
오는 이들 그렇게 설레게 했나 봅니다

쪽지를 접어 볼래요

쪽지를 접어 볼래요?
지구에 보내는, 몸살이 날 지경
위로가 필요하다네요
전해야 할 충분한 이유
쪽지를 접는 버릇이 생겼어요
작은 것에서 큰 것까지 형태는 중요하지 않아요
낭창낭창 부드러운 떨림이나
간지러운 설렘 정도만 있으면 돼요
같이 접어요
3박자 믹스커피는 제가 준비할게요
보내기에 그만한 게 없거든요
형태도 크기도 색깔도 다 다르지만
늘 가까이서 쪽지를 기다리니 넣자고요
저기 아장아장 아기도 오네요
접으면 작아지고 많이 모이면
위로의 크기는 커질 테니
고맙다고 우아한 햇살로 안아줄지
어제도 오늘도 접은 쪽지 넣었어요
아, 비닐류라고 적혀있네요
빠질 뻔 했어요 주머니에 있는 쪽지
빨간색 우편함에 넣으면 배송 불가인 거 아시죠

나무가 전하는

굳이 인간의 손길이 필요 없어요
그 계절이 오면
순명하는 모습으로 준비하는 나는
한 치의 흐트러짐이 없답니다
생명을 이롭게 하라는
선조의 유전을 가지고 태어났지만
시대가 요구하는 변화에 맞출 수밖에 없는
숙명 또한 가지고 있는 희생양이기도 하지요
숱하게 계절이 바뀔 때마다
많은 이야기 전하려 애를 쓰지만
안타깝고 위태로워 보이는 세속의 시간
혹여 알아듣지 못할까
다른 소리 다른 색깔의 옷을 입지요

그대들은 내 이야기 관심있기는 하나요
아름다움에 취해 단순한 탄성의 소리 듣자고
샛노랗게 새빨갛게 단풍 드는 건 아니고
인간의 발걸음 닿는 가로수 길에
한 장 낙엽으로 흩뿌려져 뒹구는
이야기 더욱 아니랍니다

어느 주검이 나뒹구는 곳
위성의 시선에 다가온 색깔

전하고픈 내 이야기 이제 시작인데..
오래도록 보고 싶은 마음, 그대들도 있나요

오행시

신호가 왔어 만나자는 친구의 전화
호탕하게 웃어보기도 참 오랜만이야
등심의 마블링 무늬가 자리값을 하고
과거, 숲속의 도서관 그 추억도 같이 먹었지
나비가 여기 왜, 의아한 행차에 등심의 눈꼬리가
흔들리는 것 같아

신비롭고 신기해
호랑나비 날개의 무늬
등재된 나비도감, 관련 사이트를 검색해 봤지
과학이 밝혀낸 경이로움, 친구와 헤어져 돌아오는 길
나비도 살랑살랑 횡단보도 건너는데 저만치서

신호등이 고장났나봐
호루라기 소리 삐삐, 빨갛고 파란 팔이 바빠보여
등줄기 타고 흐르는 땀방울 옷이 흠뻑 젖었네
과즙이 살짝 언 슬러시 한 잔 마시면 얼마나 좋아할까
나는 온종일 신호등이 되었을 그를 뒤로하고
걸음을 옮겼어

"신라의 밤 노오래에를" 노래 가락이 팔장을 끼어
호젓한 거리의 낙엽 밟는 소리는 코러스
등대가 뜬금없이, 조명을 자처한 줄 알았는데
과부하, 힘에 부쳤나 봐 깜박거리는 가로등,
다 생각이 있었구나
"나– 그대에게–"

신호가 울려 "어디예요"
호접난, 빨간 입술의 노란병아리
등이 굽었던 장모를 빼 닮은 그녀
과일 중에서 밀감을 좋아해 손까지 노랬었던
나는 집으로 향하는 이 시간이 너무나 행복해

그레타 툰베리*

침잠된 어둠 속에 누워있을 때면
누울 수 없는 단 하나 시간의 숨소리 들으며
사라지는 사각의 평면 속에서 처음 만났지요

소녀의 목소리 애띠지만 확신에 찬 모습
양 갈래 머리를 땋고 지갑 속에 자리 한
빛바랜 나의 공주 닮은 소녀 그레타 툰베리

분노한 파도에 몸을 맡긴 떨리는 목소리
몽돌들도 울부짖건만
그저 넥타이 속으로 자취를 감추는
쌓아 올려지는 끝없는 욕망은
빌딩을 타고 별을 딸 기세입니다

태풍이 지나는 숲속에 빌딩풍이 붑니다
사라져 가는 숲, 도시를 점령한 정령들의 소리인지
파도에 휩쌓여 도심으로 팽개쳐진
팔딱거리는 아가리, 아스팔트에 가득합니다

시리도록 아름다운
지구의 눈망울 바라보고 선
소녀의 눈동자 자꾸만 깊어져 갑니다

*그레타 툰베리 : 스웨덴 환경운동가 2003년생

미세의 속삭임

1

미세에서 극초미세로 가는
쪼개지고 또 쪼개져서 없는 듯
무리 속에 섞일 수는 있었겠지만
감출 수 없는
햇살에 비친 꼬리는 어찌할런지..
어린 나이에 맞닥뜨린, 파도가 이끈 마지막 종착역에
주검으로 내려져 탄주해야 하는 숙명을 보았을 때
차라리 잘게 부서지는 게 나았겠다 싶다
내장 끝부분에서
발견된 일회용 플라스틱 컵 뚜껑
이승의 문을 닫게 한
서해안에서 사체로 발견된 새끼 고래의 이야기

2

안개인 줄 알았는데 좀 달라 보이네
보이는 거나 보이지 않는 거나
사람들은 마스크를 쓰기 시작하고
고성능필터에 집착하게 되는 사유가 되었어

시야가 많이 흐려 방독면을 써야 할까?
방독면을 쓴 물고기, 어떻게 생각해

물이 있었겠지
입들이 벙긋거리는 것 같아 육지에서도
밀려오고 쌓여가는 것들
치닫는 곡선이 너무 버거워, 진화하기엔

불꽃

뽑혀지다가 마지막 숨이 빠져나가는 통로
누구나 볼 수 있게
높은 곳에서 경고를 보내는 신호일 거야

격노한 신의 입김으로 화염에 휩싸이다
일거에 뭇 생명들이 지하에 봉인되었던 형벌
뒤엉킨 숨들이 검고 끈적하게 자라나다
돌연 비친 청명한 하늘빛에 속아
잠시의 환희를 만끽하고 지금은 두려움에 떨고 있지요
들쑥날쑥 삐쭉빼쭉 증류탑들 마주하고
이어진 파이프엔 검은 피가 흐르는데
기괴하단 소리 당연히 들을 만도 한
다르지요 많이, 심장도 있으니까요

철장 속, 생기를 잃어버린 곰의 눈동자가 보여요
엄청 큰 바늘 속으로 웅담 즙이 빠져나가는
좀 의아스러운데 태연하게 꾸어지는 꿈
나를 소유한 이나
끊임없이 달려야 하는 운명에 채찍질하는
그들은 어깨를 우쭐하며 참 멋있다, 대단하다

토닥여 주는데 슬퍼지는 까닭은 왜일까요
회색빛을 사이에 두고
구름과 바람과 태양이 투닥거리는 하늘엔
한 호흡 쉬어 가라, 주어진 시간에도
숨들이 불에 타올라요

보이죠! 하얀 호흡 거칠게 토해내며
불꽃으로 보내는 숨이 멈춰지는 신호

조각난 헌옷의 꿈

올 하나하나에 스며든 추억 이리 많건만
뭐가 주저케 하여 목욕을 시켜 달라
간청하지 못하였을까, 때를 놓치고 말았습니다

더 이상 갈 데가 없어졌음을
깊어지는 상실감에 밤새 쏟아낸 눈물 보았을까
쌓인 낙엽도 이슬로 옷을 지어 입었군요

꼬리를 문 궁금증은 처음
타임머신에 시동을 걸고
부끄러움이 시작된 시점으로

한 올 한 올 새겨진 추억 올라올 때면
그래도 욕조나 세면기를 닦아도 좋았을
넘쳐흘러 눌어붙은 가스레인지
찌든 기름때를 닦아도 슬프지 않았을
털어내려, 털어내려 애써보지만, 더 꼭 품어 안은 꿈
또 다른 인연으로 만날 누군가를 향해 오른 항해의 길
뱃머리에 부딪히는 파도 소리에 눈을 감습니다

'오다우강*, 주인을 만나지 못한 옷들이 흐른다'
아크라**의 거대한 옷 무덤, 쓰레기 산

메케한 냄새, 거무스레한 연기 사이로
무섭게 덮쳐 오는 커다란 소의 눈망울과 혓바닥
바람을 타는 되새김질 소리
아른거리는 다른 형체들

곁에서 함께 지켜보았던
시린 손 호호 불며 냇가에서 빨래하는
아련히 내게도 들려오는 엄마의 방망이 소리

*오다우강 : 아크라 온드파다마의 오다우강
환경스페셜, 옷을 위한 지구는 없다 방송 참조
**아크라 : 아프리카 가나의 수도

틈

허공에 길을 놓아두고
시간을 드리우고 있다
입질이 오는 순간
세상으로의 연결을 완성 짓고 자라나는
허공에서 온 틈

대지에 길을 놓아두고
시간을 드리우고 있다
이치를 수용하는 것과
그렇지 못한 것으로
생존하기 위한 진화의 전략을
달리 적용하는 틈

하나는 신비로우며 경이로운 것으로
하나는 파괴와 소진의 속성을 지닌 것으로

편하고 쉽게 이치를 달리 취하는 사람들
틈새를 파고든다
보이지 않는 마음속 그 틈까지

두 개의 달

청명한 하늘을 액자에 가두고
많은 날 고개 들어
낮달을 찾았던 숨바꼭질

오랜만에 꿀잠이었는데
어둠을 뚫고 무언가 베타파를 깨운다
혼미하여, 눈동자 어둠 살필 때
동공을 확장시킨 황홀한 빛

너도 날 찾았구나

창 넘어 세월이
덮고 간 얼룩을 필터하고
각도가 필요한 잠결에 취한 핸드폰
와락, 내 마음이 품은 너
희미한 보름달 두 개
핸드폰 칩, 내 마음 속에 떠있다

으이그

어쩌다 꽁초가 밥상
아니 책상에
널브러져 있네

옆자리에 있는
담뱃갑 속
꽁초가 이야기합니다

난 진즉에
다섯 개비, 갑 속에
줄 세워졌다 아이가

몰랐나?

니도 들어 온나
같이 있구로

따뜻하이 좋다

철탑

몸집에 비해 너무나 작은
머리는 역삼각형
6개의 거대한 팔을 벌리고 섰다
석양을 등지고 섰을 때는
무섭기 조차한 무리, 산을 점령했다
팔은 계속 자라나고 몸집도 커지는 만큼
강해지는 힘은 분명 괴물임이 틀림없다

154, 345, 765
인간의 이기가 만들어 낸
그들에서 파생된 잠식으로
산도 마을도 납작 엎드려 숨을 죽이고 있다
소파에 기대앉아 웃음 짓는
아래 도심지에는 춤과 노래가 들리고..

괴물이 운다
언제 닥칠지도 모르는 이변에
철탑들도 두려워 운다
안간힘을 다해 선로를 부여잡고
오롯이 견디어야 하는 숙명
우ㅡ 웅 웅
송전탑, 힘에 겨워 토해내는 신음

때에 맞춰

뽀얀 뱃살에 살이 너무 붙었어
그네들이 사는 이곳이
잠시 강남이라고 착각했지 뭐야

온천천 산책길의 일상이 시로 물들어갈 때
구름 속에 감추고 찾아온 소낙비

청둥오리, 왜가리도 함께
감미로운 낭송시 들으며
꽃차 마시기 딱 좋으련만

하필 비 오는 날에
강남 사는 물고기, 떼 지어 온천천을 찾았는지

그날은 왜
뽀얀 뱃살들 하늘 보고 누웠는지

낙엽, 들썩이다가

짧은 소매가 길어지면
도로가에 마실 나온 낙엽들
어깨를 부대끼며 담소를 나누다가
무엇이 거슬렸을까
이야기가 쓸어 담겨진다

물끄러미 귀 기울이면
끄덕이지 못할 것도 없을듯한데
위잉 위이잉
때 아닌 태풍에 몸을 뒤집다
햇살도 흩날려 자리를 뜨는 모습에
등을 돌릴 수밖에 없었다고

이야기 들어주면 좋으련만
쫓아내는 손길에 목이 멘다니

길을 나서야겠어요
한적한 숲길로
두런두런 이야기
귀 기울여 볼까 해요

시간 속으로

저 숨소리와 하나 되어
내 숨소리가 커질 때이면
부딪히는 소리가 가리키는 곳으로

빛바래서 더 애틋한
아린 표정으로 손짓하는 손들이 있는 곳
떨어질 듯 기울어진 낡은 팻말을 지나면
나무인 양 커버린 무성한 잡초들 사이
마주한 문들 어디에도 명패는 보이지 않는다

시간 속으로의 여정은
새로운 자각이 깨어나는 순간의 연속
까딱까딱 눈을 붓 삼아 그려본
북두칠성, 카시오페이아 별들과의 거리가
한 번의 심장박동
그 숨이 흐르는 거리라는 생각을 해본다

풀숲에서 떨어진 명패를 보았다

이산의 나의 사랑하는 나라도
청마의 고독도
초허의 광인狂人도 있는
스러져가는 그 집에 명패를 걸었다

팻말 앞, 누군가 흔드는 손짓이 아른거리면
아버지가 사는 시인의 마을
그 속으로 들어가는 나를 본다

촉감, 눈빛 하나면

울창한 숲속에 덩그러니
나 하나 내려놓습니다
어둠은 이르게 찾아오고
눈꺼풀을 올려야 할 이유는 사라집니다
발바닥에 뿌리 내리고 고요히
나무가 되는 일
열려있으니 귀의 민감도만
최대치로 올리면 되겠네요
온전히 어둠에 스미어 하나 되는 것
자라나는 암흑의 손
절실하게 잡아야 하는 이유 아닐까요

바람의 소리, 물의 소리
나뭇잎 떨어지는 소리와
반딧불이 날갯짓 소리도
야행성 동물들의 생존이 시작되었네요
볕뉘 같은 햇살 찾아오면
내린 뿌리 거둘까 해요

말하지 않아도 상관없습니다
촉감 하나, 눈빛 하나면 충분합니다

눈빛이 슬프다

한 줄에 그어져 있는 역사 연표 속 45억 년

텔로미어, 내 시간의 길이를 생각해 본다

검은 밥 고봉으로 먹은 화력발전소의 굴뚝에선
흩어지는 바람 소리 피노키오의 비음처럼 들리고

굴러가는 시트에 앉아
배기구로 토해져 나오는 욕망과 슬픔의 자국들을 본다

빨라도 너무나 빠른

뭉텅뭉텅 사라지는 만큼
파아란 눈동자에 드리워진
숨소리 더 거칠어지는 것 같은데

충분히 길었지만, 흔적조차 찾아볼 수 없는
역사 연표 속 내 텔로미어 길이

| 해설 |

존재의 근원과 인연의 탐구

– 최광인 시집 〈아버지 숙제 좀 봐 주세요〉를 읽고

문인선 | 시인 · 경성대시창작아카데미교수

우리는 어디로부터 왔고 어디로 가는가?

부모, 자식 간은 어떤 인연으로 연결되어 있을까?

≪불설부모은중경佛說父母恩重經≫ 등에서는 부모의 은혜가 한량없음을 강조하며, 자식이 부모를 만나는 것은 수많은 생을 거듭한 인연의 결과라고 한다.

1912년 타이타닉이 침몰할 때 절체절명의 그 순간에 가족을 떠나 홀로 구명보트를 탄 사람은 단 한 사람도 없었다고 한다. 2,200명이 넘는 그 많은 사람들 중에서도 말이다.

최광인 시인의 첫 시집 『아버지 숙제 좀 봐 주세요』는 단순한 시집이 아니다. 시인의 삶과 존재의 근원을 탐구하는 철학적 기록이다. 이 시집은 아버지의 부재와 그리움에서 출발하여, 부모와 자식의 인연, 인간 존재의 탄생 근원, 그리고 우주적 연결에 대한 깊은 사유로 확장됨을 볼 수 있다.

인연, 탄생의 근원 탐구

먼저, 그의 시 〈배꼽〉을 보자.

어쩌면 우주보다 더 신비롭지 않을까
그곳을 보면 냄새가 나 소리도
사라지지도 잊을 수도 없지
사라진다면 하늘에 별이 되었다는 증거 아닐까
그 속을 그리움의 샘이라 생각해
물안개 피어나듯 고요하고 심오한 숨결이
빛도 닿지 못하는 깊이에 사련沙漣처럼 새겨져 있는가 봐

예정된 순서의 마지막 코드가 실행될 즈음
하늘엔 달라지는 반짝임이 포착될 거야
환생을 준비해야 하거든
별 하나 떨어지면 지구에선
탄생을 알리는 첫 울음소리가 들릴 거야
그리곤 물이 마른 흔적의 샘으로 남아
숨이 떠난 빈자리를 그리움으로 채우는지도 몰라

별이 되는 시간은 짧고
환생의 문이 열리는 시간은 너무나 길어

별을 헤아릴 수 없는 이유일까
지금도 별이 떨어지고
이승을 떠난 숨들이 반짝 반짝거리네

— 「배꼽」

위 시 「배꼽」에서 시인은 배꼽을 단순한 신체의 흔적으로만 보지 않았다. 어머니와 연결된 생명의 근원으로 바라본다. 죽음 이후 별이 된다는 설화를 빌려, 부모와 자식의 인연을 우주적 차원으로 끌어올린다. "숨이 떠난 빈자리를 그리움으로 채우는" 이 구절은 단순한 서정시의 아름다움이 아니다. 절절하고도 간절한 그리움의 정서를 노래하고 있다. 이는 불교에서 말하는 한 겁 이상의 인연과도 맞닿아 있으며, 부모의 은혜와 존재의 근원에 대한 시인의 깊은 탐구를 보여준다.

표제작이 된 시

다음 〈아버지, 숙제 좀 봐 주세요〉 시를 보자.

군용 천막 한 귀퉁이
머리를 맞대고 앉아 있는 필름 한 장

희미해시다 보스라 서 언제 사라질지도
몇 장밖에 없기에 끈질기에

그 기억 놓아버릴 수 없습니다

숙제라는 이름을 붙이고
아버지의 빛바랜 노트를 핑계로
교집합의 크기를 가늠해 보는 또 한 번

아버지와 같이 할 수 있는 것은
시를 쓰는 것

필사된 시들을 생각하며
지금도
천막 귀퉁이에 앉아 숙제를 합니다

—「아버지 숙제 좀 봐 주세요」

위 시는 그의 시집 표제작이 된 시다.

이 시는 아버지의 유품 속 작은 공책에 필사된 시와 군용텐트 귀퉁이에 앉아 뭔가 끄적거리고 있는 아버지 사진을 매개로, 아버지와의 대화를 이어가는 작품이다. 아버지의 낡은 공책 속에 필사된 스무 편의 시가 그를 흔들어 깨운 것이다. 하여, 시를 쓰는 행위 자체가 아버지와 함께하는 숙제가 되고, 그 숙제를 풀어가는 과정이 곧 시인의 삶이 된다. 이처럼 최광인 시인에게 시는 단순한 창작이 아니라, 존재의 근원과 인연을 확인하는 진지한 수행이다.

하여, 참 시인의 자세를 잃지 않으려 불면의 밤을 지

새우는 적이 적지 않음을 〈어쩌라고〉, 〈외출〉, 시〈다듬어라〉 등 그의 시편들이 잘 보여주고 있다.

해학적이고 유머러스한 시편들

이 시들은 따뜻한 인간미까지 느끼게 한다.

맛있게 구워 잘 먹었다 고깃집엔
빈 테이블이 없을 정도
쌓여 있는 이쑤시개도
남다르게 한가득
슬쩍 스무 남짓 넣고 나왔다

무심코 주머니에 손을 넣었는데
눈앞에서 좌우로 흔들리는 검지
올바른 행동이 아니라고
손가락을 꾸-욱 찌른다
아야

—「이쑤시개의 경고」

가는 길 막아섰다고
발로 툭 차네
맥없이 넘어진 나

쓰러져 먼 하늘 바라보니

하늘 빛깔 곱기만 하다

아파트도 쓰러져 누워있고
발로 찬 이 쓰러져
총총 걸으며 사라져 간다

간밤에 무슨 일 있었나

—「전동킥보드」

그의 시는 철학적 성찰을 담는 동시에 유머와 해학을 잃지 않는다. 「이쑤시개의 경고」와 「전동킥보드」 두 작품은 일상의 사소한 장면을 유머러스하게 포착하여 독자에게 웃음을 선사한다. 그러나 웃음 뒤에는 삶의 아이러니와 사회적 풍경에 대한 날카로운 시선이 숨어 있기도 하다.

특히 〈전동킥보드〉의 시는 시점 전환을 하여 발에 차여 넘어진 킥보드가 "간밤에 무슨 일 있었나" 라고 하는 결구에서 어리둥절해 하는 킥보드의 상이 선연히 떠올라 오랫동안 여운이 남게 한다. 해학적이면서도 잘 써진 작품이다.

예술과 침묵, 그 철학적 사유

다음 시를 보자.

사는 게 죄고
사는 게 시고
사는 게 제다 예술인데

이미 시인인 걸
시인이 되려고 가슴을 후벼판다

아는 단어는
엄마, -ing, 면면이...

곁에서 얼쩡거리는 바람
얼쩡거리는 구름
빛에 잡아먹힌 별
뒤통수를 보면 눈물이 고이는 달
태양의 응어리진 속내

냄새로 찌든 1평 거실에서
오늘도 뒹구는 나를 매미도 비둘기도
힐끔 쳐다보고 간다

—「시, 집 속에 산다」

"사는 게 죄" 라는 표현은 어쩜 자기 겸손을 드러내는 것이기도 하고 삶 자체의 고통과 모순을 의미하기도 하겠으나 곧 바로 "사는 게 시고/ 사는 게 죄다 예술"이라고 한다. 이는 산다는 자체를 예술로 본다는 말이다. "이미 시인인걸/ 시인이 되려고 가슴을 후벼 판다"고도 한다. 다음 연에서 아는 단어가 "엄마"입니다. 쉽게 표면적으로 분석하자면 어휘의 풍부하지 못함을 자책하는 듯 하지만 더 참한 시인이 되어야 한다는 사명감 같은 것을 깊게 안고 있는 것이다. 하여, 이는 자기 정체성에 대한 깊은 자각이다. 엄마라는 가장 원초적인 존재의 근원, 여기로부터 바람, 구름, 별, 달, 태양 모두 연결된다고 본 것이다. 그래서 어머니는 생사를 떠나 시인에겐 늘 ing 진행형이다. 답답한 작은 공간에서도 우주적 확장의 희망을 꿈꾸고 있다. 자신의 정체성에 대한 고통스러운 자각을 드러내기도 한 그는 이제 철학적 사유를 한다. 진정한 시인은 자기 성찰에서 오는 작은 철학자가 되는 길일지도 모른다.

> 냄새는 내게도 너무나 많이 있습니다
> 미쳐 알아채지 못하는 냄새까지도
>
> 코를 한 껏 확장하여 벌름거려도
> 세포는 콧방귀도 뀌지 않습니다
>
> 말을 잃어버리면 페로몬 향기 생길까요
>
> 아름다운 질서는 말이 필요 없고
> 아름다운 소통은 말할 필요 없으니
>
> 어찌 침묵하지 않을 수 있습니까

— 「침묵」

이 시에서 냄새는 대체로 부정적 욕망들의 은유다.

첫 연에서 '내게도 너무도 많은 냄새가 있다'고 고백처럼 자신에 대한 성찰을 먼저 드러낸다. 또 "말을 잃어버리면 페르몬향기 생길까요" 구절은 의문을 제기함이 아니라 오히려 그러지 않겠느냐는 역설이다. 세상의 혼탁하고 무질서함에 대해 세상 사람들의 일방통행적 자기주장들에 대해 비판이라도 하듯 "아름다운 질서는 말이 필요 없고/아름다운 소통은 말할 필요 없"다고 한다.

그래서 침묵한다는 이 시는 저마다의 자기주장으로 작금의 혼란스러운 사회현실을 조용히 그리고 점잖게 비판한다. 질서, 소통의 말들은 구지 말하지 않아도 다 통한다는 진리를 침묵의 그 가치를 시로써 보여주는 것이다.

무분별한 소비와 환경파괴를 환기하다

그의 시는 이제 기후 환경 문제에도 깊은 관심을 보인다.

> 올 하나 하나에 추억 이리 많건만
> 뭐가 주저케 하여 목욕 시켜달라
> 간청하지 못하였을가, 때를 놓치고 말았습니다

더 이상 갈데가 없어졌음을
깊어지는 상실감에
밤새 쏟아낸 눈물 보았을까
쌓인 낙엽도 이슬로 옷을 지어 입었군요

꼬리를 문 궁금증은 처음
타임머신이 시동을 걸고
부끄러움이 시작한 시점으로

한 올 한 올 새겨진 추억 올라올 때면
그래도 욕조나 세면기를 닦아도 좋았을
넘쳐 흘러 눌어붙은 가스레인지 찌든 기름 때를 닦아도
슬프지 않았을
털어내려 애써보지만
더 꼭 품어 안은 꿈
또 다른 인연으로 만날 누군가를 향해 오른 항해의 길
뱃머리에 부딪치는 파도 소리에 눈을 감습니다
'오다우강 주인을 만나지 못한 옷들이 흐른다'
아크라의 거대한 옷 무덤
쓰레기 산

매캐한 냄새 거무스레한 연기 사이로
무섭게 덮쳐 오는 커다란 소의 눈망울과 혓바닥
바람을 타는 되새김질 소리
어른거리는 다른 형체들

곁에서 함께 지켜보았던

시린 손 호호 불며 냇가에서 빨래하는
아련히 내게도 들려오는 엄마의 방망이 소리

―「조각난 헌옷의 꿈」

위 시 환경 문제를 다룬「조각난 헌옷의 꿈」은 버려진 옷가지의 시점으로 쓰여진 독특한 작품이다. 아프리카로 유배되는 헌 옷의 슬픔을 통해, 무분별한 소비와 환경파괴를 성찰하게 한다. 이는 시인이 단순히 개인적 그리움에 머무르지 않고, 사회적 · 윤리적 책임을 환기하는 참 시인의 역할을 충실히 하고 있음을 보여준다. 외에도 시〈그레타 툰베리〉 시〈미세의 속삭임〉 등이 있으나 여기서는 지면 관계상 생략한다.

최광인 시인의 시는 삶 자체를 예술로 바라보며, 시인은 곧 철학자가 되어야 한다는 자각을 드러낸다. 그의 첫 시집은 아버지의 숙제를 풀어가는 과

정이자, 인간 존재의 근원과 인연을 탐구하는 여정이다. 간절한 그리움과 성찰, 유머와 사회적 책임이 어우러진 이 시집은, 앞으로 그가 걸어갈 시인의 길에 깊은 울림을 예고하고 있다.

아버지의 숙제를 성실히 이어가는 시인 최광인 님, 그의 첫 시집 출간을 진심으로 축하하며, 참 시인으로 대성하기를 기대합니다.